BASEL
ZÜRICH
ST. GALLEN
LUZERN
BERN
CHUR
LAUSANNE
ST. MORITZ
SION
LOCARNO
GENÈVE
21 Brienzer Rothorn
Ballenberg 28
25 Mägisalp
48 Thun
45 Schloss Oberhofen
23 Justistal
Brienzersee
18 Giessbachfälle
19 Aareschlucht
27 Meiringen
Thunersee
22 Iseltwald
Interlaken 32
29 Rosenlaui
26 Engelhörner
47 Spiez
35 Unspunnenfest
12 Bachsee
Haslital
37 Schynige Platte
10 Grindelwald-First
Lütschine 13
Niesen 46
51
Simmental
Wetterhorn
11 Grindelwald
Isenfluh 17
8 Lauberhorn
Staubbach/Lauterbrunnen 15
2 Kleine Scheidegg
Schreckhorn
Trümmelbachfälle 20
1 Jungfraubahn
Engstligental
Eiger
Grimsel 31
Schilthorn 14
Mönch
Fiescherhorn
16 Mürrenbachfall
Finsteraarhorn
40 Blausee
Jungfraujoch 4
Silberhorn 6
Jungfrau
5 Aletschgletscher
Kandersteg 39
43 Adelboden
49 Gstaad
52 Lenk
41 Gemmi
N
Bahnnetz
0 5 10 25 km

Willkommen im Berner Oberland

Das Berner Oberland gilt als die Geburtsstätte des Fremdenverkehrs schlechthin. Schon Anfang des 19. Jahrhunderts besuchten viele Gäste aus dem Ausland die neu zu entdeckende Landschaft; die Wasserfälle Staubbach in Lauterbrunnen und der Reichenbachfall bei Meiringen wurden schon damals für die Touristen erschlossen. Es wurden viele bedeutende Bahnen gebaut; die Jungfraubahn war eine Sensation, sie gilt heute noch als Meisterwerk und ist eines der meist besuchten Ausflugsziele der Welt. Im Zentrum des Berner Oberlandes steht die markante Spitze: das Finsteraarhorn mit einer Höhe von 4273 Metern.

Berühmt sind die Fremdenverkehrsorte Adelboden mit der schwierigsten Weltcup-Riesenslalomstrecke der Welt, Wengen mit der Lauberhornabfahrt, dem weltweit längsten Skiabfahrtsrennen, sowie Gstaad mit seinen Gästen aus Showbusiness, Politik und Wirtschaft und mit seinem jährlichen Tennisturnier. Grindelwald verdankt seinen Ruf der berüchtigten Eiger-Nordwand, Interlaken ist als Ausgangspunkt beliebt, Mürren wurde mit dem Piz Gloria und James Bond bekannt. Kandersteg lockt mit dem Oeschinensee und der Gemmi, das Kandertal mit dem Blausee, bei Meiringen lässt sich die imposante Aareschlucht bewundern. In der Lenk findet Anfang Januar das traditionsreiche Jugendskilager statt. Auch weitere Werte der Tradition werden gepflegt wie das Unspunnenfest, die Schwing- und Älplerfeste, die Trachtenfeste und Folkloreabende sowie die Chästeilet.

Seit dem Jahr 2002 gehört das Gebiet Jungfrau-Aletsch-Bietschhorn zum Unesco-Weltnaturerbe. Diese Region steht stellvertretend für das ganze Berner Oberland. Uns alle, Touristen und Einwohner, sollte das verpflichten, dieser einmaligen Landschaft Sorge zu tragen, damit die nachfolgenden Generationen sich ebenso daran erfreuen können wie wir uns heute.

Adolf Ogi, alt Bundesrat
Uno-Sonderbeauftragter für Sport im Dienst von Entwicklung und Frieden

BERNER OBERLAND

Rund um Eiger, Mönch und Jungfrau
Autour de l'Eiger, du Mönch et de la Jungfrau
En torno al Eiger, el Mönch y la Jungfrau
Around the Eiger, Mönch and Jungfrau
アイガー、メンヒ、ユングフラウを囲んで

Photos: Marcus Gyger

Soyez les bienvenus dans l'Oberland bernois

L'Oberland bernois passe pour être le berceau même du tourisme. Au début du XIXe siècle déjà, un grand nombre d'hôtes venus de l'étranger visitaient cette région dont les sites étaient encore à découvrir à cette époque. C'est pour ces touristes que l'on ouvrit alors l'accès à la cascade du Staubbach à Lauterbrunnen et aux chutes du Reichenbach près de Meiringen. On construisit alors également un grand nombre de lignes ferroviaires notables. Celle de la Jungfrau fit sensation; elle est considérée comme un chef-d'oeuvre de nos jours encore et est l'un des buts d'excursion les plus fréquentés du monde. C'est au coeur de l'Oberland bernois que se dresse le sommet frappant du Finsteraarhorn (4273 m).

Réputés, les centres touristiques de l'Oberland: Adelboden avec sa piste de slalom géant, la plus ardue du monde; Wengen avec la descente du Lauberhorn, piste la plus longue de toutes, ainsi que Gstaad, station assidûment fréquentée par des hôtes du showbusiness, de la politique et de l'économie, avec son tournoi de tennis annuel. Grindelwald doit sa renommée à la redoutable paroi nord de l'Eiger, Interlaken est apprécié en tant que point de départ d'excursions, Mürren est devenu fameux grâce au Piz Gloria et à James Bond. Kandersteg séduit par l'Oeschinensee et la Gemmi, la vallée de la Kander par le lac Bleu; près de Meiringen, on peut admirer les imposantes gorges de l'Aar. Lenk héberge régulièrement, début janvier, une fameuse classe de neige. C'est aussi dans l'Oberland bernois que l'on cultive de précieuses traditions telles que la fête d'Unspunnen, celles de la lutte à la culotte, des alpagistes et des costumes régionaux, les soirées folkloriques ainsi que le partage du fromage.

Depuis 2002, la région Jungfrau-Aletsch-Bietschhorn fait partie du patrimoine culturel mondial de l'Unesco; elle y représente l'ensemble de l'Oberland bernois. Cela devrait nous engager tous, touristes et habitants, à prendre soin de ces sites uniques en leur genre, afin que les générations qui suivent puissent en jouir autant que nous aujourd'hui.

Adolf Ogi, ancien conseiller fédéral
Chargé de mission spécial de l'ONU pour le sport
au service du progrès et de la paix

Bienvenidos en el Oberland Bernés

El Oberland Bernés se considera la cuna por excelencia del turismo moderno. Ya a principios del siglo XIX numerosos huéspedes extranjeros visitaban esta región, que se ofrecía para toda clase de nuevos descubrimientos. Las cataratas de Staubbach en Lauterbrunnen y las de Reichenbach cerca de Meiringen fueron explotadas para los turistas ya en aquella época, y muchas líneas de tren fueron construidas. La que subía al Jungfraujoch fue una sensación que pasa todavía hoy en día por obra maestra y que sigue siendo uno de los destinos más frecuentados del turismo mundial. En el centro del Oberland Bernés se eleva la majestuosa cumbre del Finsterahorn con una altitud de 4.273 metros sobre el nivel del mar.

De mucha fama gozan también otros lugares turísticos: el pueblo de Adelboden con la pista de eslalon gigante más difícil del mundo; Wengen, famoso por el descenso del Lauberhorn, la carrera de esquí más larga de nuestro planeta; así como Gstaad, donde se reúnen figuras sobresalientes del mundo del espectáculo, de la política y de la economía y donde cada año tiene lugar un famoso torneo de tenis. Grindelwald debe su fama a la pared norte – tan conocida como temida – del Eiger; Interlaken es un centro estimado por los excursionistas; y Mürren y el Piz Gloria han pasado al primer plano gracias a una película de James Bond rodada en estos hermosos parajes. El Oberland Bernés se caracteriza por incontables tradiciones conservadas, entre ellas las fiestas de Unspunnen, de lucha suiza, de pastores alpinos y de trajes tradicionales, así como veladas folclóricas y la famosísima «Chästeilet» (partida del queso).

En el año 2002, la Unesco declaró la región de Jungfrau, Aletsch y Bietschhorn patrimonio natural de la humanidad y la convirtió así en el representante incontestado de todo el Oberland Bernés. Esta honra nos obliga a todos, turistas o no, a movernos con el mayor respeto posible en estos paisajes para que también las generaciones futuras puedan disfrutar de su belleza.

Adolf Ogi, ex Consejero Federal de Suiza
Delegado especial de la ONU para el Deporte al servicio
del Desarrollo y de la Paz

Welcome to the Bernese Oberland

The Bernese Oberland is regarded as the birthplace of the tourist trade pure and simple. Already at the beginning of the 19th century, many foreign guests visited the newly-to-be-discovered countryside, when the Staubbach waterfalls in Lauterbrunnen and the Reichenbach Falls near Meiringen were already made accessible to tourists. Numerous important railways were built; the Jungfrau railway was a sensation from the very outset, and the Jungfraujoch is still today one of the most frequently visited excursion destinations in the world. At the centre of the Bernese Oberland stands its imposing summit, the Finsteraarhorn, with an altitude of 4,273 m (14,015 ft).

Among its world-famed resorts are Adelboden, with the most difficult world championship giant slalom ski run in the world, Wengen, with the Lauberhorn, the world's longest downhill skiing run, and Gstaad with its guests from the worlds of show business, politics and economics, as well as its annual tennis tournament. Grindelwald owes its fame to the infamous Eiger North Wall, Interlaken is a beloved starting-point for tours and Mürren is well known for the Piz Gloria and James Bond. Kandersteg attracts visitors with the Oeschinensee Lake and the Gemmi mountain pass for hikers and the Kandertal Valley has the Blausee (Blue Lake), while Meiringen awes the visitor with the imposing Aareschlucht Gorge, an overwhelming walking experience. In der Lenk Valley the traditional youth ski camp takes place each year at the beginning of January. Many more traditions are cultivated in this region, such as the Unspunnen Festival, the Schwing (Swiss wrestling) and Alpine Folk Festival, the Folk Costume Festival and the Chästeilet (cheese distribution festival).

Since 2002 the Jungfrau-Aletsch-Bietschhorn region has been classified as a Unesco World Heritage Site. This region is representative of the entire Bernese Oberland. This fact should obligate us all, tourists and residents alike, to devote our care and concern to this unique country landscape, so that generations to come will also be able to enjoy it, just as we do today.

Adolf Ogi, Former Swiss Federal Councillor
UNO Special Representative for Sports in the Service of Peace and Development

ベルナー・オーバーラントへようこそ

ベルナー・オーバーラントはずばり観光誕生の地として見なされています。すでに１９世紀初頭には、海外から多くのお客さまが新たに発見されるべき地域を訪ねられました。ラウターブルンネンのシュタウブバッハの滝やマイリンゲン近郊のライヒェンバッハの滝は、当時すでに観光客のために開拓されていました。多くの重要な鉄道が敷設されました。ユングフラウ鉄道はセンセーショナルでした。それは今なお傑作とみなされており、最も多く訪問される世界の旅行の目的地です。ベルナー・オーバーラントの中心には、卓越した頂きがそびえています。標高４２７３メートルの高さを持つフィンスターアーホルンです。

世界最難度のワールド・カップ大回転コースがあるアーデルボーデン、世界最長の滑降コース、ラウバーホルンのあるヴェンゲン、ならびにショービジネスや政治、経済界からのお客様が訪れ、そして毎年テニストーナメントが開催されるグシュタードなどの観光地は有名です。グリンデルワルトはとかく風評のあるアイガー北壁のおかげで名声を博しており、インターラーケンは旅の起点として人気があり、ミューレンはピッツ・グロリアとジェームス・ボンドで有名です。カンデルシュテッグはエッシネン湖とゲンミで心を引き付け、カンデルタールはブラウ湖で人々を誘い、マイリンゲンの近くでは印象的なアーレ峡谷が感嘆させてくれます。レンクでは１月初めに伝統豊かな少年少女スキーキャンプが開催されます。ウンシュプンネン祭り、シュヴィング-アルプス祭り、トラハテン祭り（民族衣装祭）、フォルクローレの夕べ、ならびにケーズタイレット（チーズ分配祭）の様な他の伝統的財産もまた保存されています。

２００２年来、ユングフラウ-アレッチュ-ビーチュホルン地帯はユネスコ世界自然遺産に登録されています。この地方は全ベルナー・オーバーラントの代表として存在しています。我々全員、観光客も住民も、この比類なき風景に注意を払うことを義務づけなければなりません。今日、我々がこの風景から喜びを享受させてもらっているのと全く同様に、次の世代も喜びを受けられるために。

アドルフ・オギ、元連邦大臣
国連－発展と平和のためのスポーツ特別委員

1

Die Jungfraubahn
vor der Jungfrau

Le chemin de fer de
la Jungfrau devant
le fameux sommet

El tren que sube a la
Jungfrau delante del
macizo de la montaña

The Jungfraubahn railway with the Jungfrau
in the background

ユングフラウの前を走
るユングフラウ鉄道

2

Auf der Kleinen
Scheidegg mit Blick in
die Eiger-Nordwand
und zum Mönch

A la Kleine Scheidegg
avec vue sur la paroi
nord de l'Eiger et
le Mönch

Vista desde la Kleine
Scheidegg hacia la
pared norte del Eiger
y el Mönch

On the Kleine
Scheidegg, looking
toward the Eiger North
Wall and the Mönch

クライネ・シャイデッ
クよりアイガー北壁と
メンヒへの眺め

RESTAURANT
Kleine Scheid
2061 m

3

Bergdohlen vor dem Dreigestirn Eiger, Mönch und Jungfrau

Chocards à bec jaune devant la triade Eiger, Mönch et Jungfrau

Grajillas alpinas delante de las tres cumbres del Eiger, Mönch y Jungfrau

Mountain jackdaws against the backdrop of the Eiger, Mönch and Jungfrau

アイガー、メンヒ、ユングフラウの三山の前を飛ぶ山コクマルガラス

4

Das Sphinx-Observatorium auf dem Jungfraujoch

L’Observatoire du Sphinx sur le Jungfraujoch

Vista desde el observatorio Sphinx, situado en el Jungfraujoch

The Sphinx Observatory on the Jungfraujoch

ユネスコ世界自然遺産ユングフラウ−−−アレッチュービーチュホルンへの眺めとユングフラウヨッホのスフィンクス観測展望台

5

Auf dem 20 Kilometer langen Aletschgletscher

Sur le glacier de l’Aletsch, qui mesure 20 kilomètres

Sobre la superficie del glaciar de Aletsch con sus 20 kilómetros de longitud

On the 20 km-long Aletsch Glacier

長さ２０キロのアレッチュ氷河にて

6

Das 3695 Meter hohe Silberhorn an der Jungfrau

Pic du Silberhorn (3695 m) sur la Jungfrau

El Silberhorn de 3695 metros de altitud, junto a la Jungfrau

The Silberhorn, 3,695 m (12,120 ft), on the flank of the Jungfrau

ユングフラウに寄り添う高さ3695メートルのシルバーホルン

7

Vierbeiner vor der berühmt-berüchtigten Eiger-Nordwand

Quadrupèdes devant la célèbre et redoutable paroi nord de l'Eiger

Vacas delante de la pared norte – tan famosa como temida – del Eiger

Fourlegged animals in front of the famed and ill-famed Eiger North Wall

有名で悪名高いアイガー北壁の前の四つ足動物

8

Start zur seit 1930 ausgetragenen Lauberhornabfahrt

Départ pour la descente du Lauberhorn disputée depuis 1930

Salida para el descenso del Lauberhorn, una carrera organizada anualmente desde 1930

Start of the Lauberhorn downhill ski run, a competition held since 1930

1930年来実施されているラウバーホルン滑降

9

Snowboarder vor Eiger und Mönch

Snowboardeur devant l'Eiger et le Mönch

Practicando el snowboard frente al Eiger y el Mönch

Snowboarder before the Eiger and Mönch

スノーボーダー。アイガーとメンヒの前で

10

Das Schreckhorn aus
dem Wandergebiet
von Grindelwald-First

Le Schreckhorn
dans le domaine
des randonnées de
Grindelwald-First

El Schreckhorn,
visto desde la región
de excursionismo de
Grindelwald-First

The Schreckhorn, seen
from the hiking region
of Grindelwald-First

グリンデルワルトーフ
ィルストのハイキン
グコースから眺めたシ
ュレックホルン

11

Typisches Berner Ober-
länder Chalet bei Grin-
delwald mit Wetterhorn

Chalet typique de
l'Oberland bernois
près de Grindelwald,
avec Wetterhorn

Chalet típico del
Oberland Bernés en
Grindelwald, al fondo
el Wetterhorn

Typical Bernese Ober-
land chalet near Grindel-
wald with the Wetter-
horn in the background

後方にヴェッターホ
ルンとグリンデルワル
ト近郊の典型的なベ
ルナー・オーバーラン
トのシャレー

12

Wetterhorn, Schreckhorn, Finsteraarhorn und Fiescherhörner spiegeln sich im Bachsee oberhalb Grindelwald

Wetterhorn, Schreckhorn, Finsteraarhorn et Fiescherhörner se mirent dans le Bachsee au-dessus de Grindelwald

Los montes Wetterhorn, Schreckhorn, Finsteraarhorn y los Fiescherhörner se reflejan en el lago Bachsee en la zona alta de Grindelwald

The Wetterhorn, Schreckhorn, Finsteraarhorn and the Fiescherhörner, mirrored in the Bachsee Lake above Grindelwald

グリンデルワルト上方のバッハ湖に映る、ヴェッターホルン、シュレックホルン、フィンスターアーホルン、フィーシャーホェルナー

13

Winterliche Lütschine

La rivière Lütschine en hiver

El río Lütschine en un paisaje invernal

The Lütschine in winter

冬のリュッチーネ

14

Das Schilthorn mit dem Drehrestaurant Piz Gloria

Le Schilthorn avec le restaurant tournant du Piz Gloria

El Schilthorn y su restaurante giratorio Piz Gloria

The Schilthorn, with the Piz Gloria revolving restaurant

回転レストラン、ピッツ・グロリアとシルトホルン

15

Die Staubbachfälle bei Lauterbrunnen

Cascade du Staubbach près de Lauterbrunnen

El torrente de Staubbach en los alrededores de Lauterbrunnen

The Staubbach mountain torrent near Lauterbrunnen

ラウターブルンネン近郊、シュタウプバッハの滝

16

Die Schilthornbahn vor dem Mürrenbachfall

Chemin de fer du Schilthorn devant la chute du Mürrenbach

El teleférico del Schilthorn enfrente de la catarata de Mürrenbach

The Schilthorn aerial cable car against the backdrop of the Mürrenbach falls

ミューレンバッハの滝の前を行くシルトホルン・バーン

Schilthorn

17

Bei Isenfluh im Lauterbrunnental mit Wetterhorn, Männlichen, Eiger, Mönch und Jungfrau

Près d'Isenfluh dans la vallée de Lauterbrunnen, avec Wetterhorn, Männlichen, Eiger, Mönch et Jungfrau

Cerca de Isenfluh en el valle de Lauterbrunnen, con los montes Wetterhorn, Männlichen, Eiger, Mönch y Jungfrau

Near Isenfluh in the Lauterbrunnen Valley, with the Wetterhorn, Männlichen, Eiger, Mönch and Jungfrau

ラウターブルンネン谷のイセンフルー近郊で。後ろにヴェッターホルン、メンリヒェン、アイガー、メンヒ、そしてユングフラウ

18

Das Grandhotel Giessbach mit den Giessbachfällen

Grand-hôtel Giessbach avec les chutes du Giessbach

El Gran Hotel de Giessbach y las cataratas

The Grand Hotel Giessbach with the falls

ギースバッハの滝とグランドホテル・ギースバッハ

19

Die Aareschlucht

Les gorges de l'Aar

La garganta del río Aare

The Aare Gorge

マイリンゲン近くのアーレシュルヒト

20

Trümmelbachfälle

Cascades du Trümmelbach

Las cataratas de Trümmelbach

The Trümmelbach Falls

ラウターブルンネン近郊のトゥリュンメルバッハの滝

21

Mit dampfbetriebener Zahnradbahn auf das Brienzer Rothorn

Vers le Brienzer Rothorn dans le chemin de fer à crémaillère mû à la vapeur

Subiendo en el tren de cremallera de vapor hacia el Brienzer Rothorn

The steam-driven cogwheel train on the Brienzer Rothorn

ブリエンツァー・ロートホルンへ向かう蒸気アプト式鉄道

22

Brienzersee mit Iseltwald und dem Schnäggeninseli

Lac de Brienz avec Iseltwald et la petite ile Schnäggeninseli

El lago de Brienz, el pueblo de Iseltwald y el islote Schnäggen-inseli

The Lake of Brienz, with Iseltwald and Schnäggen Island

ブリエンツ湖のイセルトヴァルトとシュネッゲンインゼリ

23

Traditionelle Chäs-
teilet im Justistal

Partage du fromage
traditionnel dans
la Justistal

La tradicional
«Chästeilet» (partida
del queso) en el
valle de Justis

The traditional
«Chästeilet» (cheese
distribution festival)
in the Justis Valley

ユスティスタール
の伝統的なケーズタイ
レット

24

Stolzer Alpsenn mit dem Produkt seiner Arbeit

Alpagiste fier du produit de son travail

Pastor alpino, orgulloso del fruto de su trabajo

A proud Alpine dairyman with the product of his labours

彼の製品を手に、得意げなアルプス牧人

25

Volkstanz auf der Mägisalp oberhalb Hasliberg

Danse folklorique sur la Mägisalp au-dessus du Hasliberg

Baile popular en Mägisalp en la zona alta de Hasliberg

Folk dancing on the Mägisalp above Hasliberg

ハスリベルグ上方のメギスアルプで民族舞踊

26

Die Engelhörner
oberhalb Meiringen
im Abendlicht

Pics du Engelhorn,
au-dessus de Meirin-
gen, au soleil couchant

Los Engelhörner en
la región de Meiringen
bañados por la luz
crepuscular

The Engelhörner
above Meiringen
at dusk

夕映えにたたずむマ
イリンゲン上方のエン
ゲルホェルナー

27

Das Sherlock-Holmes-Denkmal in Meiringen

Monument Sherlock Holmes à Meiringen

El monumento dedicado a Sherlock Holmes en Meiringen

The Sherlock Holmes Monument in Meiringen

マイリンゲンにあるシャーロック・ホームズ記念碑

28

Berner Bauernhaus im Freilichtmuseum Ballenberg bei Brienz

Ferme bernoise dans l'écomusée du Ballenberg près de Brienz

Granja bernesa en el museo rural al aire libre de Ballenberg, cerca de Brienz

Bernese farmhouse in the open-air museum of Ballenberg near Brienz

ブリエンツ近郊にある野外民族博物館バーレンベルクのベルン州の農家

29

Der Rosenlauigletscher (links) mit Rosenhorn, Wellhörnern und Wetterhorn

Glacier du Rosenlaui (à gauche) avec Rosenhorn, pics du Wellhorn et Wetterhorn

El glaciar de Rosenlaui (a la izquierda) con los montes Rosenhorn, Wellhörner y Wetterhorn

Rosenlaui Glacier (left) with the Rosenhorn, Wellhörner and Wetterhorn

ローゼンホルン、ヴェルホェルナー、ヴェッターホルンとローゼンラウイ氷河（左側）

30

Sportklettern auf den Granitplatten des Grimselgebiets

Escalade sur les parois de granit dans la région du Grimsel

Escalada deportiva sobre las placas de granito en la región del paso de Grimsel

Mountain climbers on the granite plates of the Grimsel region

グリムセル地方の花崗岩板の上でロック・クライミング

31

Der Totensee auf der Grimselpasshöhe

Le petit lac des Morts sur le col du Grimsel

El lago Totensee en el punto más alto del paso de Grimsel

Totensee Lake on top of the Grimsel Pass

グリムセル峠にあるトーテン湖

32

Interlaken zwischen dem Brienzersee (links) und dem Thunersee, im Hintergrund die Berner Alpen

Interlaken, entre le lac de Brienz (à gauche) et le lac de Thoune; à l'arrière-plan, les Alpes bernoises

Interlaken, situado entre los lagos de Brienz (a la izquierda) y Thun, al fondo los Alpes Berneses

Interlaken between the Lake of Brienz (left) and the Lake of Thun, with the Bernese Alps in the background

ベルナー・アルプスを背景に、ブリエンツ湖（左側）とトゥーン湖の間のインターラーケン

33

Ein Prost auf die Jungfrau

A la santé de la Jungfrau!

Un brindis a la Jungfrau

A toast to the Jungfrau

ユングフラウに乾杯

34

Interlaken mit Grandhotel Victoria und Hotel Metropol

Interlaken avec Grandhôtel Victoria et Hôtel Metropol

El Gran Hotel Victoria y el Hotel Metropol de Interlaken

Interlaken with the Grand Hotel Victoria and the Hotel Metropol

グランドホテル・ヴィクトリア、ホテル・メトロポールとインターラーケンの町

35 36

Unspunnenfest:
Wurf des 83,5 Kilogramm schweren Unspunnensteins und Schwingerwettkämpfe im Sägemehlring

Fête d'Unspunnen:
Jet de la pierre d'Unspunnen pesant 83,5 kilogrammes et luttes à la culotte dans la sciure de bois du ring

La fiesta de Unspunnen: lanzamiento de la piedra de Unspunnen de 83,5 kilos de peso y competiciones de lucha suiza en un ruedo de serrín

The Unspunnen Festival: heaving the 83,5 kg Unspunnen Stone and Swiss wrestling in the sawdust ring

ウンシュプンネン祭り。重さ83.5キロのウンシュプンネン石の石投げと、おがくず土俵で行われるシュヴィンゲン競技

37

Alpengarten Schynige Platte

Jardin alpin de la Schynige Platte

El jardín botánico alpino de Schynige Platte

The botanical garden on the Schynige Platte

シーニゲ・プラッテのアルペンガルテン（高山植物園）

38

Nostalgiezug zur Schynigen Platte

Train nostalgique à destination de la Schynige Platte

Tren nostálgico con destino a Schynige Platte

Old-time train going up to the Schynige Platte

シーニゲ・プラッテへ向かう郷愁をそそる鉄道

39

Bei Kandersteg
mit Blüemlisalp im
Hintergrund

Près de Kandersteg
avec Blüemlisalp
à l'arrière-plan

Cerca de Kandersteg,
al fondo Blüemlisalp

Near Kandersteg,
with the Blüemlisalp
in the background

ブリュエムリスアル
プを背景に、カンデル
シュテック近郊で

40

Am Blausee im
Kandertal

Au bord du Lac
bleu dans la vallée
de la Kander

El Blausee (Lago Azul)
en el valle de Kander

The Blue Lake in
the Kander Valley

カンデルタールのブ
ラウ湖畔

41 42

Beim jährlichen Schäferfest auf der Gemmi treffen sich die Jodler, Alphornbläser und Touristen

La fête annuelle des bergers sur le col de la Gemmi rassemble chanteurs de tyrolienne, joueurs de cor des Alpes et touristes

Con ocasión de la fiesta anual de los pastores en el paso de Gemmi se reúnen los cantantes de yodel, los músicos de trompa alpina y los turistas

The annual Shepherd's Festival on the Gemmi is a meeting place for yodelers, alphornists and tourists

ゲンミで毎年行われる羊飼いの祭りに集まるヨーデルの歌い手、アルプスホルン吹奏者と観光客

43

Auf Sillerenbühl oberhalb Adelboden mit dem Gross Lohner, Altels, Tschingellochtighorn und Rinderhorn

Sillerenbühl au-dessus d'Adelboden avec Gross Lohner, Atels, Tschingellochtighorn et Rinderhorn

En Sillerenbühl sobre Adelboden: vista hacia los montes Gross Lohner, Altels, Tschingellochtighorn y Rinderhorn

The Sillerenbühl above Adelboden, with the Gross Lohner, Altels, Tschingellochtighorn and Rinderhorn

アーデルボーデン上方のシレーレンビュールにて。後方にグロス・ローナー、アテルス、チンゲルロホティックホルンとリンダーホルン

44

Schifffahrt auf dem Brienzersee

Navigation sur le lac de Brienz

Excursión en barco en el lago de Brienz

Boat ride on the Lake of Brienz

トゥーン湖を航行する船

45

Die Riviera am Thunersee mit Schloss Oberhofen und Niesen

La Riviera au bord du lac de Thoune avec château d'Oberhofen et Niesen

A orillas del lago de Thun con el castillo de Oberhofen y el monte Niesen

The shoreline of the Lake of Thun with Oberhofen Castle and the Niesen

リビエラの様なトゥーン湖畔。左手にオーバーホーフェン城と右手にニーセン山

46

Pyramide am Thunersee: der Niesen

Une pyramide au bord du lac de Thoune: le Niesen

Una pirámide junto al lago de Thun: el monte Niesen

The Niesen, a pyramid on the Lake of Thun

トゥーン湖畔のピラミッド、ニーセン

47

Schloss Spiez

Le château de Spiez

El castillo de Spiez

Spiez Castle

シュピーツ城

48

Schloss Thun vor der Blüemlisalp

Le château de Thoune devant la Blüemlisalp

El castillo de Thun delante de la Blüemlisalp

Thun Castle, with the Blüemlisalp in the background

ブリュエムリスアルプ前のトゥーン城

49 50

Zweimal Gstaad: das Luxushotel Palace aus der Zeit der Belle Époque und das jährlich stattfindende Tennisturnier Allianz Suisse Open

Deux fois Gstaad: Le luxueux hôtel Palace datant de la Belle Époque et le tournoi de tennis annuel Allianz Suisse Open

Dos vistas de Gstaad: el lujoso hotel Palace, construido durante la Belle Époque, y el torneo anual de tenis «Allianz Suisse Open»

Two views of Gstaad: the Palace, a luxury hotel from the Belle Époque, and the annual Allianz Swiss Open Tennis tournament

グシュタードを二枚：ベル・エポカ時代の高級ホテルパレスと、毎年開催されるテニストーナメント、アリアンツ・スイス・オープン

GSTAAD
Welcome to the Rado Swiss Open Gstaad
VISANA
Key Club
RADO
EUROCARD
TELECOM
ATP Tour
LeMatin
adidas
adidas
adidas
adidas
adidas
ROTOSYSTEM
GSTAAD

51

Das Simmental ist bekannt für seine gut erhaltenen, prächtigen Bauernhäuser

La vallée du Simmental est connue pour ses magnifiques maisons paysannes, très bien conservées

El valle de Simmen es famoso por sus majestuosas granjas en perfecto estado de conservación

The Simmen Valley is well known for its well-preserved, stately farmhouses

シンメンタールは保存状態の良く、すばらしい農家で知られている

52

Abendstimmung
in der Lenk

Soleil couchant à Lenk

Atardecer en Lenk

Evening mood in Lenk

レンクの夕暮れの情趣

Übersetzungen:
Elfie Schaller-Gehenn, Tann (Zürich): Französisch
Manuela Letsch, Fällanden: Spanisch
John G. O'Brien, Basel: Englisch
Masako Schwarzenegger-Takemoto, Zürich: Japanisch

Fotos: gyger@spd.ch
Bildauswahl und Gestaltung: www.vonarxgrafik.ch,
Heinz von Arx, Urs Bolz, Zürich
Bildlegenden: Peter Schnyder, Zürich
Printed in Belgium
ISBN 3-905111-79-9